D0996714

Jap is op Joz

NEDERLANDSE
KINDERJURY

2007

AVI 1 en 2 en 3

Copyright © 2006 bij Uitgeverij De Eekhoorn BV, Oud-Beijerland

CIP-gegevens Koninklijke Bibliotheek, Den Haag

Sluyzer, Betty

Jap is op Joz/Betty Sluyzer
Internet: www.eekhoorn.com
Omslag en tekeningen: Pauline Oud
Vormgeving: Bureau Maes & Zeijlstra, Oosterbeek

ISBN - 10: 90-454-1086-9
ISBN - 13: 978-90-454-1086-9
NUR 281

Jap is op Joz

Betty Sluyzer

Met tekeningen van Pauline Oud

De Eekhoorn

in dit boek

hoi.

ik ben Tuk.

ik lees voor…

uit dit boek.

dit boek is raar.

lees maar…

zie je die aap?

dat is Jap.

Jap is gek.

gek op Joz.

 toe-de-loe.

ik heet Jap.

ik ben heel knap.

hoe heet jij?

8

 dit is Joz.

Joz is ook een aap.

Jap is een man.

Joz niet.

 toe-de-loe.

ik heet Joz.

ben jij knap?

wat kan jij dan?

9

Jap doet zijn staart om een tak

en hop…

nu hangt hij op zijn kop.

hij zwaait naar Joz.

toe-de-loe.

zie je mij?

kijk dan, Joz.

ben ik nu knap?

Joz kijkt naar Jap.

Jap is niet knap.

dat kan zij ook.

aan haar staart.

op haar kop.

 nou, nou.

dat is toch niet knap.

ik kan dat ook.

daar is niks aan.

Jap pakt een banaan

en gooit de banaan

om-hoog.

kijk dan, Joz.

dit is wel knap.

let op.

kijk dan.

hop.

Joz kijkt naar Jap.

Jap is niet knap.

dat kan Joz ook.

ze pakt drie  bananen

en gooit ze om-hoog.

 wat nou knap.

dat kan ik ook.

kijk maar.

hop.

Jap pakt een blad
van de boom.
van het blad maakt hij
een hoed.

hoe vind je de hoed?
hij is voor jou.
mooi hè?

14

Joz ziet de hoed.

hij is groen.

de hoed is niet leuk.

en Jap is ook niet knap.

wat nou knap.

de hoed is groen.

dat is saai.

ik hou van rood

en roze en geel.

Jap weet het niet meer.

hij wil zo graag

dat Joz zegt:

jij bent heel knap, Jap.

 wat moet ik nou doen?

wat is knap, Joz?

16

Joz denkt na.

Jap is best lief.

en ook wel leuk.

 ik weet wat je moet doen.

1: doe een dans voor mij.

2: maak een jurk voor mij.

3: bak een taart voor mij.

en dan...

dan vind ik je knap.

17

 een dans?

een taart?

een jurk?

oef.

dat kan ik niet.

maar weet je?

ik ga op les.

en dan kom ik weer

naar je toe.

toe-de-loe.

18

 ik zie je wel weer.

dag Jap.

toe-de-loe.

hoe vaak lees jij aap?

kijk goed en tel.

6 keer, of 9 keer, of 10 keer?

dag aap,

zegt Jap, de aap.

weet je wat ik doe?

ik gaap,

want ik heb slaap.

ik gaap ook,

zegt Bob, de aap.

maar ik heb geen slaap.

ik gaap,

om-dat jij gaapt.

kijk naar Joz 1.

kijk naar Joz 2.

wat is er weg?

wat is er bij?

Joz 1

Joz 2

wie zegt aaa?

wie zegt ooo?

wie zegt ie?

22

 van wie is de staart?

volg de staart met je vinger.

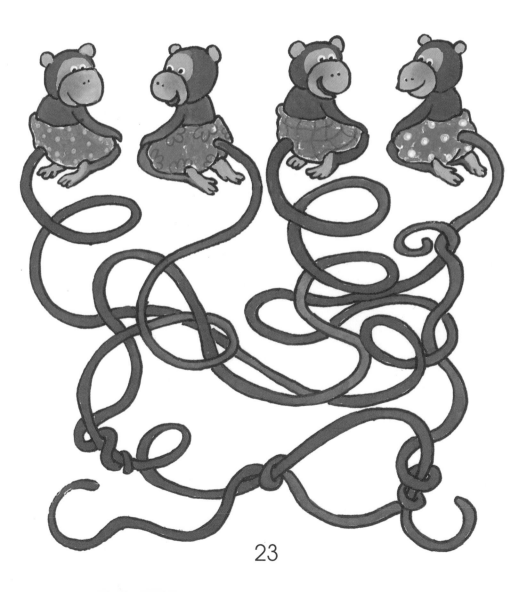

23

Jap kan veel.

kun jij dat ook?

doe Jap na.

24

25

er zijn veel soor-ten apen.
Jap is een ma-kaak.

de ma-kaak leeft

op de grond

en in bomen.

de ma-kaak slaapt

in de nacht.

eten zoekt hij

niet in de nacht.

dat doet hij o-ver-dag.

de aap kan goed zwemmen.

de aap woont in een bos.

vaak in de buurt van mensen.

de aap woont in een groep.

de groep kan heel groot zijn.

Wel 200 apen.

27

Jap gaat naar Mik.

Mik is een olifant.

hij weet vast wel een dans.

Jap gaat op les bij Mik.

hoi Mik.

help je mij?

ken jij een dans?

een dans voor een aap?

Mik staat in bad.

hij wast zijn oren.

hoi Jap.

ik ken wel een dans.

een dans voor een olifant.

maar als jij hem doet,

is het een dans voor een aap.

Mik doet wat voor.

hij tilt één poot op.

en zet hem weer neer.

dan tilt hij nog een poot op.

en zet hem weer neer.

hij zwaait met zijn oren.

en schudt met zijn billen.

30

Jap doet Mik na.

hij kan het best goed.

alleen de oren kan hij niet.

de oren van Mik zijn groot.

de oren van Jap zijn klein.

poot, poot.

oren, billen.

hoi...

ik ben knap.

Jap loopt naar Dil.

Dil is een vriendin.

ze is een krokodil.

Jap wil bij Dil op les

voor een jurk.

Dil heeft veel tanden.

dat is handig.

dag Dil.

ik wil een jurk.

Dil ligt op een matje.

ze leest een boek.

ze hoort wat Jap zegt.

 dag Jap.

wil je een jurk?

jij hebt toch altijd

een broek aan!

ach, wat maakt het uit.

wat jij wil.

33

Jap haalt een lap

uit zijn tas.

Dil pakt de lap aan

en bijt er heel veel gaatjes in.

dan doet ze voor,

wat Jap moet doen.

 kijk, Jap.

de draad moet in de naald.

de draad moet door de lap.

hier erin en daar weer eruit.

Jap rijgt de draad

door de lap stof.

Al snel is de jurk af.

 klaar!

hoi...

ik ben echt knap.

35

Jap kent al een dans.

hij heeft een jurk.

nu nog een taart.

dus gaat hij naar Lor.

zijn vriend, de papegaai.

Lor, Lorre, Lorre-knorre.

hoe maak ik een taart?

een taart met fruit?

Lor ruimt net zijn fruit op.

rood bij rood.

groen bij groen.

geel bij geel.

 Jap, Jappie, Appel-Flappie.

kom je op les?

voor een taart?

mooi, goed.

kies maar wat fruit uit.

Jap gaat op les

 Jap loopt naar het fruit.

hij kiest een banaan.

een sinaasappel

en wat druiven.

ik maak het deeg.

maak jij het fruit schoon?

Jap schilt de banaan.

en de sinaasappel.

hij plukt de druiven

van de steeltjes.

af en toe neemt hij een hapje.

 de taart wordt heel mooi.

en lekker.

hoi...

ik ben echt heel,

héél knap.

maak een toetje.

een toetje met koek en fruit.

leg klaar:

1 pak koek-jes

 1 pak ha-gel-slag

1 ba-naan

 1 bak kwark

1 pot sui-ker

zet 4 bak-jes neer.

ver-krui-mel de koekjes.

leg in elk bak-je een berg krui-mels.

40

pak een mes.

snijd de ba-naan in klei-ne stuk-jes.

roer de ba-naan en wat sui-ker door de kwark.

leg op de koek-jes een laag kwark.

ver-sier het toet-je met ha-gel-slag.

maak een aap.

pak een vel papier.

leg het op de aap.

en op zijn poten.

en op zijn staart.

trek de aap over.

knip de aap uit.

prik gaatjes in de rondjes.

doe een draad door de gaatjes.

bind het draadje vast.

laat de aap een dans doen.

doe je mee?

dans als Jap.

dans als een aap.

doe je handen in je zij.

til één poot op.

zet één poot neer.

til één poot op.

zet één poot neer.

handen bij je oren.

schud met je hoofd.

handen bij je billen.

schud met je billen.

44

doe je handen in je zij.

krabbel met je vingers.

spring in het rond.

zing of zeg steeds:

toe-de-loe

Jap is een ma-kaak.

de ma-kaak is

grijs en bruin.

de kleur van zijn buik

is licht.

hij heeft geen haar

op zijn gezicht.

zijn wangen zijn roze.

de ma-kaak kan

net zo groot worden

als een kind van 4.

46

de ma-kaak kan

20 jaar oud worden.

de ma-kaak eet

bananen en ander fruit,

bladeren en

kleine dieren

zoals mieren.

Jap was op les.

Op dansles en op naailes.

En op taartles.

Nu vindt Joz hem vast

een knappe aap.

 Toe-de-loe.

Hier ben ik weer.

Joz ligt te zonnen.

Ze hoort Jap roepen,

doet haar zonnebril omhoog

en kijkt naar Jap.

 Hallo daar.

Wat zit er in die doos?

Lieve Joz, Jozzie,

Tozzie-Bozzie,

Ik ben knap.

Echt heel héél knap.

Ik heb een taart.

En een jurk.

Voor jou.

50

Ho, ho.

Wacht eens even.

Ik zie een taart.

Die ziet er lekker uit.

Ik zie een jurk.

Die ziet er leuk uit.

Maar hoe zit het

met het dansje?

Jap zet zijn spullen

weer op de grond.

 Let op, Jozzie-Bozzie.

Hier komt:

de dans van de aap.

Toe-de-loe, pootje op.

Toe-de-loe, pootje neer.

Toe-de-loe, pootje op.

Toe-de-loe, pootje neer.

Toe-de-loe, met je oren.

Toe-de-loe, met je billen.

Joz vindt het dansje geweldig.

Ze begint meteen mee te doen.

 Rechterpoot.

Linkerpoot.

Wapper met je oren.

Schud met je billen.

Ha ha ha.

Dit is echt leuk.

Jap doet het dansje

wel tien keer achter elkaar.

Heel langzaam loopt hij naar Joz toe,

totdat hij vlak bij haar staat.

Hij leunt naar voren.

En dan geeft hij Joz een kusje.

55

Jap en Joz gaan trouwen.

Raf, de giraf leest voor

uit het trouwboek.

 Beste Jap,

zul jij de rest van je leven

voor Joz taarten bakken,

jurken maken en dansjes doen?

Beste Joz,

zul jij de rest van je leven

Jap een knappe aap vinden?

Joz en Jap deden,

wat ze Raf beloofd hadden.

En ook hun kinderen

leerden kleren naaien

en taarten maken

en dansen natuurlijk.

58

 Toe-de-loe, pootje op.

Toe-de-loe, pootje neer.

Toe-de-loe, pootje op.

Toe-de-loe, pootje neer.

Toe-de-loe, met je oren.

Toe-de-loe, met je billen.

Tel de apen.

Tel de mieren.

Tel de giraffen. Tel de olifanten.

Kun je rijmen?

Rijm dan mee.

Over de wangen van kleine aap

liepen dikke tranen.

Een hele, grote, dikke aap

pikte zijn ....

62

Deze aap is heel erg stout.

Hij poetst zijn tanden helemaal ....

Zou dit aapje

te dik geworden zijn?

Zijn spijkerbroek is veel te .....

Teken de aap vier keer na.

Eén keer precies even groot.

Eén keer zo klein mogelijk.

Eén keer zo groot mogelijk.

Leg het boek nu op zijn kop.

Teken de aap nog een keer na.

Welke aap was makkelijk?

65

Apen laten elkaar horen en zien,

hoe ze zich voelen.

Ze kunnen boos zijn, of blij,

verdrietig of jaloers.

Soms lachen apen.

Maar dat betekent niet hetzelfde

als lachen bij mensen.

Als een aap zijn tanden laat zien,

is hij bang.

Als een aap smakt, betekent dat:

Kom maar bij me zitten.

Ik ben je vriend.

Als een aap een andere aap lief vindt,

gaat hij hem vlooien.

Dan maakt de ene aap de vacht schoon

van de andere aap.

Kleine apen houden zich goed vast aan

hun moeder.

Of moeder aap nou

in bomen klimt,

rondrent of aan takken hangt,

het kleine aapje laat haar niet los.

67

Hoi,
Ik ben Betty Sluyzer.
Ik schrijf boeken.
Dit boek gaat over Jap.
Jap is een aap.
Hij is gek op Joz.
Maar is zij ook gek op Jap?
Dit is het 2e lees-weet-boek.
Het 1e heet: **mik is dik**.
En ken je **Het abc van Tuk** al?
Dat is een letterboek.
En een telboek.
Wil je al mijn boeken zien?
Kijk dan op: www.bettysluyzer.nl

Toe-de-loe, groetjes van
Betty Sluyzer

Hallo,
Ik ben Pauline Oud.
Ik ben tekenaar.
Alle tekeningen in dit boek
heb ik gemaakt.
Ook de tekeningen
op de voorkant
en de achterkant.
Betty Sluyzer en ik
hebben al veel boeken
samen gemaakt.
Al meer dan 20.
Wil je zien welke
dat allemaal zijn?
Kijk dan op mijn website:
www.paulineoud.nl

Tot het volgende boek,
Pauline Oud

Andere Eekhoorn-boeken van Betty Sluyzer
met tekeningen van Pauline Oud

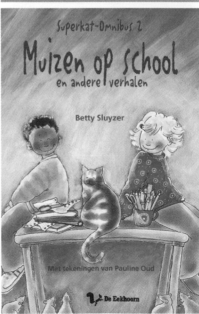

Gideon Avonturenboek 1

Monstervissen
en andere verhalen

Betty Sluyzer

Met tekeningen van Pauline Oud

De Eekhoorn

Gideon Avonturenboek 2

De valse piraat
en andere verhalen

Betty Sluyzer

Met tekeningen van Pauline Oud

De Eekhoorn

De BB·club

Betty Sluyzer
Met tekeningen van
Pauline Oud

De Eekhoorn

Andere Eekhoorn-boeken van Betty Sluyzer
met tekeningen van Pauline Oud